LA PEUR DU LOUVRE

UNE BANDE DESSINÉE DONT TU ES LE HÉROS

LA PEUR DU LOUVRE

DESSINÉE PAR YVAN POMMAUX, ÉCRITE PAR CLAUDE DELAFOSSE

CRÉATION ASTRAPI, ÉDITIONS BAYARD-PRESSE

L'ÉCOLE DES LOISIRS
11, rue de Sèvres, Paris 6e

Cette bande dessinée que tu vas lire n'est pas comme les autres. Il y a, bien sûr, une aventure, pleine de surprises et de dangers. Il y a aussi un secret.
Mais l'aventure, c'est toi qui vas la vivre. Et le secret, c'est toi qui vas le découvrir.

LE HÉROS, OU L'HÉROÏNE, C'EST TOI !

Tu auras souvent des décisions à prendre, il te faudra choisir entre plusieurs solutions... A toi de trouver la meilleure, et... attention aux pièges !
Si tu es coincé, prisonnier, perdu, ficelé,
si tu ne parviens pas à te tirer d'affaire, n'hésite pas à recommencer :
tu découvriras des épisodes passionnants que tu n'avais pas lus.

Quand l'histoire commence, tu as dans ta poche un morceau de fil de fer (un trombone, par exemple) et une pièce de monnaie (tu en auras besoin pour tirer à pile ou face).

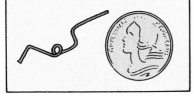

Tu as le droit d'emporter trois de ces objets. Ils pourront te servir dans ton aventure, alors choisis-les bien !

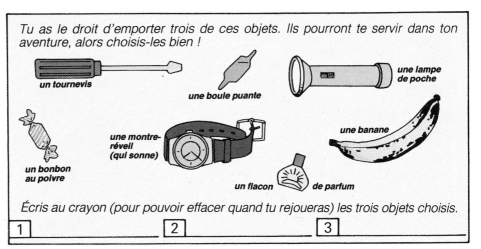

un tournevis

une boule puante

une lampe de poche

un bonbon au poivre

une montre-réveil (qui sonne)

une banane

un flacon de parfum

Écris au crayon (pour pouvoir effacer quand tu rejoueras) les trois objets choisis.

1	2	3

3

Pour lire la suite, va à la page 5.

4

Pour lire la suite, va à la page 6.

5

Pour lire la suite, va à la page 7.

6

... ET LA VISITE COMMENCE ...

Suivez-moi, et restez bien groupés : le Louvre est un vrai labyrinthe !

Les Égyptiens pensaient qu'après leur mort leur corps continuait à vivre dans un autre monde ; c'est pourquoi les corps étaient conservés par momification ...

... puis placés dans des sarcophages comme ceux-ci !

Meuh!

Pour lire la suite, va à la page 8.

7

Les pharaons firent construire les pyramides, d'énormes tombeaux destinés à les protéger dans la mort...

Et, puisque le corps du pharaon continuait à vivre au pays du dieu Osiris, on plaçait dans sa chambre funéraire, au cœur de la pyramide, tout ce qui est nécessaire à un vivant : objets et animaux familiers, mobilier, etc.

Et, tenez-vous bien ! chaque jour...

... un serviteur spécial lui portait de la nourriture !

MOMIE DE CHAT

MOMIE DE CHAT

Pour lire la suite, va à la page 9.

8

Pour lire la suite, va à la page 10.

9

ATTENTION, A TOI DE CHOISIR :

Si tu veux rattraper l'homme étrange, va à la page 11.
Si tu préfères continuer la visite, va à la page 38.

10

Si tu veux suivre la piste du rébus, va à la page 12.
Si tu préfères essayer la clé du vestiaire, va à la page 13.

Si tu souhaites aller au rendez-vous, va à la page 31.
Si tu veux essayer la clé du vestiaire, va à la page 13.
Si tu préfères retrouver ton groupe, va à la page 38.

12

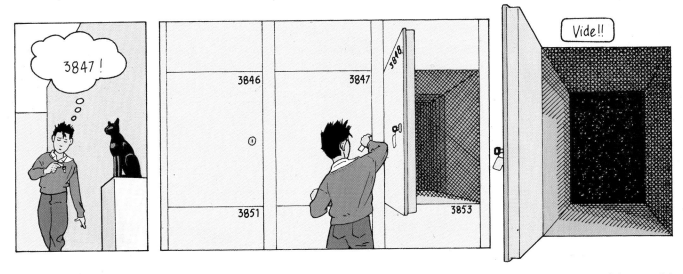

Si tu as pris la **lampe de poche** *parmi les trois objets à choisir au début, va à la page 14.*
Si tu n'as **pas** de **lampe de poche,** *va à la page 15.*

Fais pile ou face avec ta pièce pour connaître la suite :
*Si tu fais **pile**, va à la page 19.*
*Si tu fais **face**, va à la page 20.*

14

Fais pile ou face avec ta pièce pour connaître la suite :
Si tu fais **pile,** *va à la page.16.*
Si tu fais **face,** *va à la page 17.*

15

Ton groupe a terminé la visite et vient rechercher ses affaires au vestiaire.
Tu dois repartir avec eux sans avoir découvert le secret du pharaon.
Tu as donc perdu, mais tu peux commencer une nouvelle aventure en retournant à la page 3.

Pour lire la suite, va à la page 18.

17

Pour lire la suite, va à la page 21.

18

Pour lire la suite, va à la page 32.

19

Pour lire la suite, va à la page 21.

20

Si tu as peur, tu reviens sur tes pas : va à la page 22.
Si tu surmontes ta peur, tu inspectes les pièces : va à la page 23.

21

Si tu as pris le **tournevis** *parmi les trois objets à choisir au début, tu peux dévisser un des côtés du casier.*
Un des casiers voisins était ouvert, essaie de te rappeler lequel.
Si tu choisis de dévisser la paroi de droite, va à la page 26.
Si tu choisis de dévisser la paroi de gauche, va à la page 25.
*Si tu n'as **pas** de **tournevis**, retourne à la page 21.*

22

Si tu as pris la **banane** *parmi les trois objets à choisir au début, va à la page 28.*
Si tu n'as **pas** de **banane** *ou si tu l'as déjà utilisée, va à la page 24.*

23

Pour lire la suite, va à la page 33.

24

Pour lire la suite, va à la page 34.

25

Ton tournevis est cassé: tu ne peux pas dévisser l'autre paroi.
Tu dois retourner sur tes pas. Va à la page 21.

26

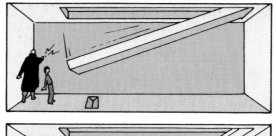

Pour lire la suite, va à la page 45.

27

Pour lire la suite, va à la page 29.

Tu veux suivre l'homme étrange, tu as deux possibilités :
Si tu appuies sur le bouton A, va à la page 30.
Si tu appuies sur le bouton B, va à la page 37.
Mais si tu choisis de rester sur place pour continuer ton enquête, va à la page 44.

29

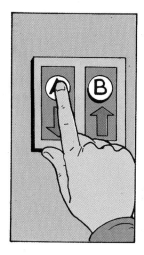

Il ne fallait pas choisir le bouton A. Tu as perdu, tu es tombé dans un piège. Heureusement, tu peux commencer une nouvelle aventure en retournant à la page 3.

30

Pour lire la suite, va à la page 59.

31

Si tu as pris le **bonbon au poivre** *parmi les trois objets à choisir au début, et si tu ne l'as pas encore utilisé,*
va à la page 42.
Si tu n'as **pas** de **bonbon au poivre** *ou si tu l'as déjà utilisé, va à la page 56.*

32

Si tu as pris le **flacon de parfum** *parmi les trois objets à choisir au début, va à la page 70.*
Si tu n'as **pas** de **flacon de parfum,** *tu as perdu, mais tu peux essayer de vivre une nouvelle aventure en choisissant d'autres pistes. Retourne à la page 3.*

33

INTERDIT AU PUBLIC

Si tu veux tourner à droite, va à la page 45.
Si tu veux tourner à gauche, va à la page 41.

34

BONG!

Je ... Où suis-je ?...

Merci, statuette !

Vous êtes au musée du Louvre, dans une sorte de tombe égyptienne que vous avez aménagée, et que vous remplissez d'objets volés dans les salles d'exposition...

Pour lire la suite, va à la page 36.

35

Je me souviens, à présent... Je travaillais à la construction de la pyramide du Louvre quand j'ai reçu une poutrelle de fer sur la tête.

J'ai perdu la mémoire et la raison... J'ai commencé à me prendre pour l'architecte d'un pharaon et, tout en continuant à travailler sur le chantier, j'ai aménagé secrètement ce tombeau pour que le pharaon de la pyramide du Louvre repose en paix. Quand le chantier a été terminé, je suis resté pour veiller sur mon pharaon, et j'ai continué à lui apporter tout ce dont il avait besoin.

Hou! ma tête!

Joli navire...

tonnerre de Brest!

Heureusement, grâce à toi, moussaillon, j'ai reçu un nouveau choc qui m'a rendu la raison !

Vive la marine !

Pour lire la suite, va à la page 55.

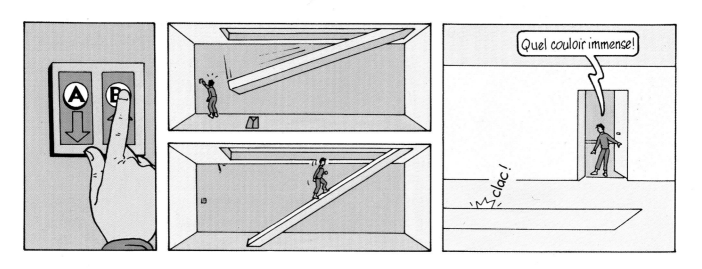

Si tu préfères aller à droite dans le couloir, va à la page 45.
Si tu préfères aller à gauche dans le couloir, va à la page 41.

37

Pour lire la suite, va à la page 65.

38

Qui est là ?

Oh !

Par Isis !

Je...je suis René Ferrier, architecte sacré de la pyramide ! Est-ce toi, ô grand Pharaon, qui te manifestes enfin ?

C'est moi ! Je me manifeste à toi, pour te dicter ma volonté. M'obéiras-tu, ô René Ferrier ?

Je t'obéirai, ô grand Pharaon, si tu me dis ton nom !

Si tu sais comment s'appelle le pharaon, va à la page 60.
Si tu ne le sais pas, va à la page 40.

39

Fais pile ou face avec ta pièce pour connaître la suite :
*Si tu fais **pile**, va à la page 35.*
*Si tu fais **face**, va à la page 33.*

40

Si tu veux aller voir ce qui se passe derrière la porte d'où est sorti le cri, va à la page 46.
Si tu préfères continuer ton chemin, va à la page 47.

Préfères-tu prendre le couloir à gauche ou à droite?
*Si tu choisis d'aller à **gauche,** va à la page 41.*
*Si tu choisis d'aller à **droite,** va à la page 45.*

42

Si tu veux suivre la piste du rébus, va à la page 12.
Si tu préfères rejoindre ton groupe, va à la page 65.

43

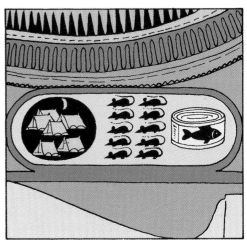

Essaie de déchiffrer le hiéroglyphe qui représente le nom du pharaon.
Puis va à la page 57.

44

Si tu veux continuer à avancer dans le couloir, va à la page 47.
Si tu veux regarder ce qu'il y a sur le panneau accroché au mur, va à la page 58.

45

Si tu as pris la **banane** *parmi les trois objets à choisir au début, et si tu ne l'as pas déjà utilisée, va à la page 48.*
Si tu n'as **pas** *de* **banane** *ou si tu l'as déjà utilisée, va à la page 49.*

Si tu veux continuer à avancer dans le couloir, va à la page 45.

47

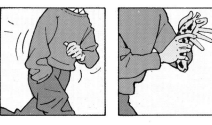

Pour lire la suite, va à la page 47.

48

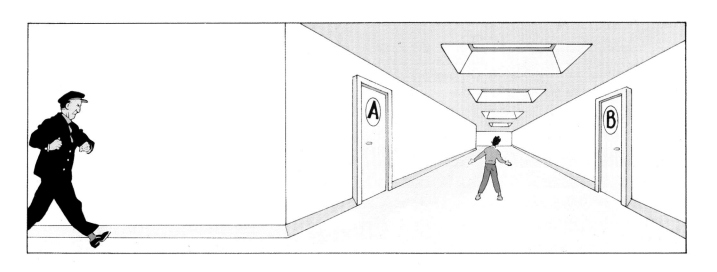

Pour échapper au gardien, tu peux t'enfuir par une des deux portes :
Si tu choisis la porte A, va à la page 50.
Si tu choisis la porte B, va à la page 52.

49

Si tu as pris la **montre-réveil** *parmi les trois objets à choisir au début, va à la page 51.*
Si tu n'as **pas** de **montre-réveil,** *va à la page 64.*

50

Je te tiens !

Fifi! Fifi! Fifi! Ti!

Pour lire la suite, va à la page 47.

51

Pour lire la suite, va à la page 67.

52

Pour lire la suite, va à la page 54.

53

ET LORSQUE LES OBJETS, LES MEUBLES ET LES STATUES SONT REMIS EN PLACE ...

Adieu, moussaillon, et bon vent !

Au revoir, Monsieur, je vais rejoindre mon groupe !

LE LENDEMAIN ...

INCROYABLE !! APRÈS LE LOUVRE, LE MUSÉE DE LA MARINE !

Objets volés miraculeusement restitués au Louvre. Mystérieuses disparitions au musée de la Marine.

Alors que les objets dérobés dans les salles égyptiennes du Louvre ont miraculeusement retrouvé leur place, c'est au musée de la Marine que des vols ont été constatés. La maquette d'un vaisseau, un costume d'amiral, un sabre d'abordage ainsi que

DÉPÊCHE MATIN

Bravo ! Tu as gagné !
Tu as découvert le secret du pharaon, résolu le mystère des vols commis au Louvre.
Si tu en as envie, tu peux quand même commencer une autre histoire, en retournant à la page 3.
Tu auras sans doute des surprises !...

54

Enfer!... J'y pense...

Par la moustache de Jean Bart !!...

La police doit me rechercher !!

Heu!... Si nous remettions en place tout ce que vous avez volé...

Je pourrais vous aider!...

Corne du diable!... Tu ferais ça pour moi, moussaillon ??

Hissons la grand-voile! Larguons les amarres! Et cap sur le musée!... En avant, toute!

Il est encore plus dingue qu'avant !

Pour lire la suite, va à la page 53.

55

Désolé, mais maintenant, Mademoiselle Thierry te tient à l'œil !
Tu ne pourras plus quitter ton groupe. *Va à la page 65.*

Pour lire la suite, va à la page 39.

57

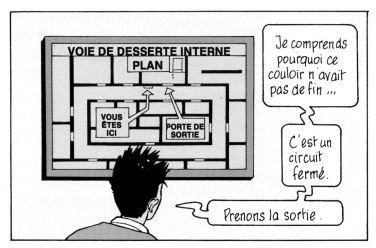

Pour lire la suite, va à la page 43.

58

Si tu as pris la **boule puante** *parmi les trois objets à choisir au début, va à la page 61.*
Si tu n'as **pas** de **boule puante,** *bâillonné et ligoté au fond du sarcophage, tu as perdu,
mais tu peux commencer une nouvelle aventure en retournant à la page 3.*

59

Pour lire la suite, va à la page 69.

60

Pour lire la suite, va à la page 62.

61

Pour lire la suite, va à la page 63.

62

Fais pile ou face avec ta pièce pour connaître la suite :
*Si tu fais **pile**, va à la page 66.*
*Si tu fais **face**, va à la page 68.*

63

Fais pile ou face avec ta pièce pour connaître la suite :
Si tu fais **pile,** *va à la page 32.*
Si tu fais **face,** *va à la page 68.*

64

Tu n'as pas découvert le secret du pharaon, mais tu peux commencer une nouvelle visite en retournant à la page 3.

65

... Malédiction du pharaon ...

Qu'est-ce que c'est que cette histoire ??

Et si ce garnement se payait ma tête ?

Il a une drôle de coupe de cheveux !... A quoi ça ressemble, une coupe pareille ?

Tst !

Rentre là-dedans ! Tu vas a-voir un copain à qui raconter tes histoires à dormir debout !

Pour lire la suite, va à la page 32.

66

Pour lire la suite, va à la page 65.

67

Pour lire la suite, va à la page 45.

68

Pour lire la suite, va à la page 35.

69

Pour lire la suite, va à la page 71.

70

Pour lire la suite, va à la page 27.

71